AFFAIRE DE TOURVES

(VAR).

Réponse au TOULONNAIS du 12 Mai 1866,

PAR

Me MILLOU, Avocat.

BRIGNOLES,

Imprimerie de A. VIAN.

1866.

AFFAIRE DE TOURVES

(**Var**).

Réponse au TOULONNAIS du 12 Mai 1866.

Tourves, le 7 Juin 1866.

Monsieur le Rédacteur,

Vous avez inséré, dans le N° 4799 du *Toulonnais*, une lettre *d'un de vos amis* relative aux excès commis, dans la nuit du 24 au 25 février dernier, sur la personne de la fille Antonietta, par quelques habitants de notre commune.

Cette lettre pauvre de style et de logique, mais riche d'injures atroces dirigées contre toute la population de Tourves, n'excita parmi nous qu'un juste sentiment de mépris; la malveillance s'y combinait tellement avec l'absurdité, qu'on résolut de punir, par le silence, celui qui l'avait écrite et qui ne méritait pas l'honneur d'une réfutation.

D'ailleurs, la missive *de votre ami* n'étant pas signée, quelle crainte pouvait inspirer un diffamateur qui, rougissant de son œuvre, n'osait pas s'en déclarer l'auteur?

Mais quelquefois l'étrangeté d'une chose est ce qui en assure la vogue. Il y a malheureusement des esprits qui admettent, de confiance, une assertion fabuleuse précisément parce qu'elle choque toutes les vraisemblances : c'est donner une prime d'encouragement au hableur qui veut s'amuser et au méchant qui cherche à nuire.

C'est par suite de cette aveugle et inexplicable crédulité, qu'on a cru à la véracité de l'anonyme, lorsqu'il transforme notre pays *en hideux village, en village maudit, en village sauvage, en une commune qui doit être stygmatisée dans la France entière.* C'est sur la parole de l'anonyme, qu'on a décidé que les habitants de Tourves forment *une population abrutie qui mérite qu'on lui donne un exemple terrible : une population sans courage et sans cœur,* qui *ne connaît ni l'indignation ni la pitié* lorsqu'il s'agit *d'arracher une victime des bras de ses sauvages assassins;* qui *ne porte pas secours à cette victime,* qui *ne va pas même quérir main-forte pour la délivrer :* une population *coupable d'une impassible et lâche tolérance;* qui *allie la lâcheté à l'abus de la force, ce qui est le comble de l'infamie;* qui assiste en masse *à l'enlèvement d'une pauvre étrangère* qui ne se défend que par ses pleurs, *comme à une plaisanterie ou à une fête :* une population *enfin* qui, en dernier lieu, *n'a fait que renouveler les déplorables exemples de lâcheté, de brutalité, de violence et de vol à main armée qu'elle a donnés à toutes les époques de trouble ou d'agitation politiques.*

Votre ami conclut son réquisitoire en demandant *que notre commune soit condamnée à servir à la pauvre victime une pension viagère payable à son domicile;* puis il ajoute que *la malheureuse victime mutilée, violée et volée n'a pas reparu depuis la nuit fatale du 24 février; qu'il est donc à craindre que les mutilations, le viol, et le vol aient entraîné sa mort.*

Si la gravité de la matière pouvait le permettre, nous

demanderions à votre ami de nous expliquer comment le prétendu vol de *quinze francs* a pu *tuer* la personne volée , ordinairement on ne meurt pas pour si peu de chose ; puis, de quelle utilité serait une pension viagère pour celle qui , d'après lui, n'existe plus ; enfin , à quel *domicile,* dans l'autre monde, la pension devrait être payée. Ces trois questions pourraient fort bien l'embarrasser.

Nous épargnerons à l'anonyme qui est bien novice et bien gauche dans son métier d'accusateur public , un persiflage qu'il mériterait si bien ; nous préférons, et c'est plus charitable, dissiper ses craintes en lui apprenant que la fille Antonietta a diné , le lendemain de l'attentat, dans l'auberge de Jaume , notre garde-champêtre , et que, peu de temps après, on l'a revue à Tourves où elle a passé quelques jours.

Abandonnant, pour ne plus y revenir, le point de la pension viagère, nous disons que notre population serait réellement AVILIE si elle se courbait sous des flagellations qu'elle ne mérite pas. Elle va donc régler ses comptes avec le diffamateur qui se cache.

Il faut que l'auteur de la lettre reçoive tout d'abord une leçon de grammaire : puisse-t-elle lui profiter en le dégoûtant d'écrire à l'avenir dans les journaux. Écoutez-le : « Il faut lire cet acte d'accusation pour *frémir* d'horreur, d'indignation et *de dégoût.* » Nous lui passons de frémir d'horreur et d'indignation puisque les frémissements lui plaisent si fort : mais souffrir qu'il frémisse de *dégoût,* c'est chose impossible , nous ne le souffrirons pas. Nous renverrons l'écrivain à l'école pour qu'il étudie la signification des mots, jusqu'à ce que un nouveau dictionnaire de l'Académie ait consacré la pittoresque locution qu'il a voulu introduire, en contrebande, dans notre belle langue française.

Quant à ses sentiments de compassion pour la fille Antonietta, nous les partageons. Que la conduite de celle-ci soit ou non irréprochable, peu importe; son sexe suffisait pour rendre inexcusables ceux qui ont exercé sur elle de coupables voies de fait. Au reste, ces malheureux, aujourd'hui repentants, ne murmurent pas contre les arrêts de la justice et tout porte à croire que les condamnations prononcées qui ont vengé la morale publique, auront aussi pour résultat l'amendement des condamnés.

Mais, chose remarquable, l'anonyme ne témoigne à la jeune fille outragée une sympathie légitime, que pour fouler aux pieds les droits sacrés de l'humanité. En tout pays et sous toutes les législations, la personne des accusés est inviolable et sacrée, *res sacra miser:* la loi les répute innocents jusqu'à la condamnation. Est-ce ainsi que les a considérés l'auteur de la lettre? Non : bien avant le verdict du jury, il les traite de *sauvages assassins*, alors que le mot d'*assassinat* n'est écrit ni dans l'acte d'accusation, ni dans le réquisitoire du ministère public. Il demande pour les accusés qu'il appelle *des misérables,* une nouvelle peine que la loi ne prononce point, celle d'un *retentissement exceptionnel;* tout cela, monsieur le Rédacteur, est véritablement *sauvage.* Cette dernière épithète que votre ami applique à la commune de Tourves, cette commune, toute voleuse qu'elle est, la lui rend comme chose à lui appartenant, afin qu'il l'applique tout d'abord à ce qui sort de sa plume.

Avant de quitter les condamnés, il nous reste à faire une observation finale. Loin de nous la pensée de justifier la déplorable conduite de ces malheureux; mais l'équité commande d'indiquer une des causes du méfait que la cour d'assises a puni.

Vous avez à Toulon, et il y a dans tous les grands centres, de nombreuses maisons de tolérance, sentines impures où vont se satisfaire les besoins crapuleux. Cette concentration du libertinage en diminue le scandale et le danger. Il n'en est pas ainsi dans les petites localités : là, des prostituées déguisées en marchandes d'allumettes, en baladines et en chanteuses, viennent, presque hebdomadairement, tendre leurs sales filets, et la jeunesse malheureusement libertine et légère s'y laisse prendre, attirée qu'elle est par les avances et les amorces de ces lubriques voyageuses. Pour celles-ci, la finesse du métier consiste quelquefois dans un simulacre de résistance pour mieux irriter les désirs et vendre plus cher de dégoûtantes faveurs. Les amateurs expérimentés renversent facilement cette frêle barrière sans qu'il leur en mésarrive, car à la fin tout s'arrange avec de l'argent.

Nous ne disons aucunement que la fille Antonietta appartient à cette phalange empestée ; mais il nous suffit que les condamnés aient pu croire le contraire pour expliquer leurs procédés cruels et leur trouver une circonstance plus ou moins atténuante. Antonietta n'a-t-elle pas autorisé, jusqu'à un certain point, cette supposition, lorsque par une nuit glacée de février, elle a passé successivement plusieurs heures sur les bancs extérieurs de l'hôtel du *Cheval-Blanc* et de la maison Rougiers, en refusant sèchement une offre d'hospitalité gratuite qui lui fut faite d'abord par l'aubergiste Sivan, ensuite par la dame Jullian épouse Tochou, enfin par la dame Revest épouse Bremond, et en se dirigeant, non pas dans l'intérieur du village où protection et assistance ne lui auraient pas manqué, mais vers les champs où elle devait se trouver réduite à ses propres forces ? Donc il a fallu toutes ces imprudences qui semblaient révéler une ignoble profession, pour que les condamnés aient eu le triste courage de faire ce qu'ils ont fait, sans s'arrêter aux refus et aux protestations de l'imprévoyante étrangère.

Pour prévenir le retour des scènes déplorables qui nous ont affligés profondément, qu'on renferme ces ordures ambulantes, qui se nomment *filles de joie*, dans les étables d'Augias, leur réceptacle naturel ; qu'elles y soient rigoureusement parquées et murées, afin qu'elles ne se répandent plus au dehors : c'est la tâche de la police.

Je reviens maintenant à votre ami pour ne plus le quitter.

Il prétend d'abord que nous avons assisté en masse à l'enlèvement d'Antonietta *comme à une fête*, et que parmi nous il ne s'est pas trouvé *un seul homme de cœur pour avertir l'autorité.*

Ici, pour se défendre, l'arme du ridicule vaut bien mieux que l'arme de l'indignation : l'anonyme pourrait se rengorger, si on le traitait comme un homme sérieux.

Nous lui demanderons d'abord si le 24 février à minuit, jour et heure où s'accomplit l'enlèvement d'Antonietta, il y avait grande raison de se mettre en campagne pour aller à une réjouissance qui n'était éclairée par aucun feu pyrotechnique, que la lune depuis longtemps disparue ne favorisait d'aucun de ses rayons, et où tout l'éclairage qui luttait contre les ténèbres consistait dans la clarté mourante d'une petite lanterne que la fille Antonietta brisa d'un coup de pied entre les mains de celui qui la tenait. Certes, ce commencement de *la fête du viol*, pour parler comme le *Courrier français*, n'avait rien de bien attrayant pour faire désirer de voir le reste.

Et puis, remarquez comme l'heure était bien choisie pour attirer la foule! Minuit était en effet le moment que durent choisir les vieillards et les enfants, les filles et les femmes mariées, le campagnard et l'ouvrier harassés de fatigue et le bon bourgeois qui s'était fatigué, tout le jour, à ne rien faire, pour aller, ayant à leur tête le curé, le vicaire, les fabriciens, le sacristain, le bédeau, tous les notables et même le fossoyeur, car il faut que rien n'y manque, prendre l'honnête récréation de voir commettre un viol, d'entendre les râles d'une agonie!!!

Il y a plus : d'après l'anonyme, la fête du viol a duré plus de six mortelles heures. Eh bien! sans se procurer des siéges, sans se reconforter par des boissons spiritueuses que la saison forçait de substituer à des refraîchissements, sans craindre de prendre des rhumatismes, des catharres, des fluxions de poitrine, cette masse sans nom et sans entrailles a suivi d'un *œil* attentif, *au milieu des ténèbres*, toutes les péripéties de ce drame lugubre, en éprouvant, avec délices, ces doux battements du cœur qui témoignent que l'on goûte une volupté pure!

O écrivailleur!!!

Permettez-moi, monsieur le Rédacteur, de vous parler franchement et hardiment comme le font tous ceux qui portent ma robe : si votre ami a cru tout ce qu'il dit contre les habitants de Tourves, qu'on lui donne un brevet de radotage et de niaiserie et chacun dira qu'il ne l'a pas volé. Si, le premier, il avait ri sous cape de ce qu'il écrivait et de la crédulité de ses lecteurs, qu'il serait à plaindre!

Allons plus loin : dans sa lettre, votre ami ne prétend pas que notre maire et notre police ont connu ce qui se passait dans la nuit du 24 février, et il a raison; car la connaissance suivie de l'inaction avilirait celui à qui on pourrait reprocher l'une et l'autre.

Mais si le maire a tout ignoré, si la police n'a rien su, comment la population qui n'avait rien à surveiller, qui n'avait rien à prévenir, aurait-elle pu savoir quelque chose? et si elle n'a eu vent de rien, comment a-t-elle pu se trouver au complet sur les lieux de la scène hideuse? Que l'anonyme nous arrange un peu tout cela.

Ce n'est pas tout : Tourves compte 2750 habitants; 29 seulement ont été poursuivis devant la cour d'assises qui en a acquitté dix-huit; ceux-ci et deux nouveaux prévenus, cités pour le simple délit d'outrage public à la pudeur devant le tribunal correctionnel, attendent encore leur jugement. Admettons que chacun d'eux sera frappé d'une condamnation; dans ce cas, le nombre des coupables s'élèvera à trente-un. C'est sur ces trente-un coupables éventuels que le judicieux anonyme se fonde pour faire de nous tous une POPULATION ABRUTIE D'UN VILLAGE SAUVAGE!

Félicitez votre ami de ma part, monsieur le Rédacteur, annoncez-lui qu'avec du travail il sera sous peu aussi redoutable dialecticien, qu'il est aujourd'hui excellent écrivain. Avec quelle candeur, avec quel aplomb, il conclut du particulier au général! Vraiment, c'est à ravir. Pourquoi un génie si transcendant ne déchire-t-il pas le voile de l'anonyme qui le dérobe à notre admiration ?

Si la série des preuves qu'on vient de parcourir ne nous lavait pas suffisamment, notre terrible juge aura-t-il assez pitié de nous pour me laisser encore un instant la parole? Comme à l'audience, je lui dirai : « je promets au tribu- « nal d'être court » et je tiendrai mieux parole que je ne l'ai fait, maintes fois, devant les magistrats qui avaient la bonté de m'entendre.

Il est vrai que 1851 fut marqué, dans Tourves, par une perturbation politique. Que celle des communes du département qui n'aurait pas vu dans son sein les tristes

Saturnales de la démocratie nous jette la première pierre?

Chez nous, au moins, il n'y eut aucun excès, aucun malheur à déplorer. Nos insurgés, peu habiles en matière d'insurrection, suivaient les inspirations et les ordres qui leur venaient du dehors. Après une fièvre chaude éphémère, les têtes se refroidirent, le calme revint. Aussi, lorsqu'on vota pour l'empire, Napoléon n'eut contre lui QU'UNE SEULE VOIX. Aux dernières élections, le candidat du Gouvernement, M. de Kerveguen, fut envoyé au Corps législatif après avoir obtenu 541 votes sur les 581 qui furent déposés dans l'urne électorale.

C'est maintenant à l'anonyme qui voit à travers un milieu qui grossit et même qui crée les objets à nous détailler *les actes de brutalité*, de *violence* et de *vol* qui se produisirent à Tourves en 1851.

Quelle merveille que notre commune ait produit quelques malfaiteurs! Parmi les douze apôtres choisis par le Fils de Dieu pour répandre l'Évangile, il y eut un monstre, qui restera monstre à jamais, malgré que le *très-honorable* monsieur Renan ait entrepris sa réhabilitation.

D'ailleurs, consultez les registres des tribunaux criminels, vous verrez que Tourves est bien loin d'y fournir un contingent plus fort que celui des autres communes du département.

Mais notre immoralité, à quoi peut-elle être comparée? C'est ici que triomphe notre accusateur; eh bien! pendant qu'il proclame solennellement que nous avons tous reçu notre éducation dans les Lupanars (où a-t-il reçu la sienne?) je dirai d'abord sur le ton de la conversation, monsieur le Rédacteur, et puis je crierai sur les toits que, dans une période de vingt ans, notre état civil n'a enregistré que neuf enfants naturels issus de notre population. Que pensez-vous de ce chiffre? Votre ami nous dira-t-il encore que notre ABRUTISSEMENT ne laisse aucun espoir et défie tous les remèdes? Comme les harpies, il ne touche notre pays que pour le souiller; qu'il batte donc des mains s'il l'ose, et surtout qu'il nous cite, sur le point dont il s'agit, une localité assez favorisée du ciel pour qu'elle puisse servir de modèle à la nôtre.

Jusqu'à ce moment, je n'ai eu de rapport avec votre ami que par votre intermédiaire : en finissant je veux me donner la satisfaction d'avoir, avec lui, un dialogue dans lequel nous éclaircirons fort civilement ce qui ne serait pas encore assez clair, sans avoir besoin d'un porteur de paroles.

LUI. — Pouvez-vous nier que Tourves ne soit un VILLAGE HIDEUX?

MOI. — Vous vous moquez : nous avons les plus belles prairies du monde, que chaque année le printemps couvre de fleurs : à l'ouest, le village leur sert de ceinture, et à l'est, la jolie rivière de *Caramy* les entoure coquettement de son ruban azuré; les ruines pittoresques de notre vieux château féodal exercent la curiosité de l'antiquaire; notre rocher de Saint-Maurice, bloc immense couronné d'arbres séculaires, ravit d'admiration le touriste; le photographe enrichit son album des vues et des panoramas que nous lui fournissons : et vous, écrivain sans imagination et sans goût, vous appelez tout cela un HIDEUX VILLAGE?

LUI. — Vous conviendrez au moins que vous formez UN VILLAGE MAUDIT?

MOI. — Un village maudit! mais il n'y a pas de village plus BÉNI que le nôtre. Il est, pour le sacerdoce, une pépinière féconde d'où sortent les meilleurs sujets; au moment où je parle, il compte, parmi ses enfants, 18 prêtres pleins de vie et surtout de charité. Je vous conseille de vous adresser à l'un d'eux ; si vous avez le repentir, il vous réconciliera avec votre conscience et avec la population que vous avez outragée, et croyez-moi, cela vous fera grand bien.

Lui. — Des prêtres ! des prêtres ! quel est le pays qui n'en fournit pas?

Moi. — Vous faut-il un PRINCE de l'Église? Je vous cite un CARDINAL dont la France s'énorgueillit. Seulement je ne puis vous le présenter sur cette terre : mais si Dieu vous fortifie la vue, vous pourrez le voir dans un monde meilleur où, plein d'années et de mérites, il est allé recevoir la récompense qui l'attendait, et où il prie la Majesté divine de vous pardonner le fatras diffamatoire que vous avez dirigé contre ses compatriotes. Je veux parler du cardinal D'Astros, décédé archevêque de Toulouse le 29 septembre 1851.

Lui. — Mais les habitants de Tourves ne sont-ils pas sans contredit une POPULATION ABRUTIE?

Moi. — Je vous réponds pour tous qu'il n'y a rien de plus ABRUTI ni de plus ABRUTISSANT que votre prose, où, dans quelques phrases, vous entassez les mots d'*infamie,* de *lâcheté*, de *brutalité*, d'*avilissement*, d'*assassinat*, de *violence*, de *vol*, de *misérables* , de *criminels* , etc.... comme autant de foudres qui doivent nous étendre raides sur le carreau.

Après l'argument *ad hominem* , viennent les réponses logiques.

La paroisse de Tourves, eu égard à sa population, occupe le premier rang parmi les 240 PAROISSES du diocèse, au point de vue des fonds qu'elle fournit à l'Œuvre de la SAINTE-ENFANCE. Comme probablement vous ignorez le but de cette Œuvre, je vous apprendrai qu'elle est instituée pour acheter, baptiser, nourrir et élever les petits enfants chinois que leurs parents condamnent à périr.

Voilà une OEUVRE éminemment humanitaire et morale. Et vous avez le triste courage de qualifier de POPULATION ABRUTIE celle qui fournit à cette Œuvre les secours les plus abondants ! ! !

LUI. — Si la qualification de POPULATION ABRUTIE ne vous convient pas, acceptez celle de VILLAGE SAUVAGE.

MOI. — De Carybde en Scylla ! Vous nous faites vraiment de si jolis cadeaux, que vous mettez les gens dans l'embarras du choix ! Cette fois-ci pourtant je crois que vous avez raison, et, avec un cœur contrit et humilié, je vais formuler moi-même les preuves de notre SAUVAGERIE.

1re PREUVE. = A son arrivée à Tourves, Antonietta n'était pas encore *une victime,* mais une pauvre voyageuse fatiguée de la route, et ayant besoin de nourriture et d'abri. Comme nous l'avons dit, l'une et l'autre lui furent offerts *gratuitement,* avec la délicate simplicité des temps antiques, par l'aubergiste Sivan, par la dame Bremond et par la dame Tochou.

Tel est le premier échantillon de notre SAUVAGERIE.

2e PREUVE. = Nous soutenons par nos aumônes les héroïques missionnaires que leur zèle pousse dans les déserts américains, aux îles Sandwic, dans l'Australie, dans les îles Marquises, pour conquérir à la foi et rendre à la civilisation ces êtres dégradés, qui n'ont de l'homme que la figure. Notre charité surpasse celle des paroissiens de Sainte-Marie, votre cathédrale toulonnaise ; *les comptes-rendus de la Propagation de la foi* constatent cela.

Mais que prouvent ces deux faits? hélas ! je le dis en rougissant, ils prouvent, avec toute évidence, que nous sommes des SAUVAGES, plus sauvages que ceux qui, par nos sacrifices et par notre générosité, reçoivent la BONNE NOUVELLE.

3e PREUVE. = Tout CRÉTINS que nous sommes, nous avons donné à la FACULTÉ DE MÉDECINE de PARIS, M. ROSTAN qui occupe la première place parmi les professeurs émérites du grand art de guérir. La COUR IMPÉRIALE a reçu de nos mains un de ses PRÉSIDENTS, M. CASTELLAN, que je ne vous nomme qu'à voix basse pour ne pas blesser sa modestie. Nous avons envoyé à l'Académie d'Aix le plus spirituel, le plus aimable de ses membres; celui-là, je puis le nommer à haute voix, car malheureusement il ne nous reste de lui qu'un précieux souvenir ; D'ASTROS était son nom.

Peut-il y avoir dans le monde entier un village plus SAUVAGE que le nôtre ?

4e PREUVE. = Dans le courant de mars 1865, M. TOURNEL, percepteur à Saint-Maximin, allait faire un versement à Brignoles. En passant à Tourves, il laissa par inadvertance, dans le café du Midi tenu par Jh. LAURENCY, son portefeuille contenant des valeurs pour une somme excédant quatre mille francs. Sur le point d'entrer à Brignoles, il reconnaît son oubli, et plein d'effroi, il reprend le chemin du VILLAGE SAUVAGE. En route, il rencontre QUI et QUOI? un jeune homme de 20 ans qui, pour dissiper ses craintes, levait en l'air son bienheureux portefeuille qu'il lui rendit, de la part de LAURENCY, quelques instants après.

Y a-t-il rien de plus SAUVAGE que le procédé du digne cafetier et l'empressement du fidèle commissionnaire?

5e PREUVE. = C'était le 14 septembre dernier. Vers les onze heures du soir, quelques roulements de tambour se font entendre; il y a aussitôt, dans nos rues, le mouvement et le bourdonnement qu'on remarque dans une ruche d'abeilles. Des groupes nombreux se forment, puis se réunissent et défilent, au pas de charge, prenant la même direction que prirent plus tard les auteurs du crime commis sur la personne d'Antonietta. Au milieu de ces groupes on remarque M. le médecin VILLARD, qui fatigué des visites par lui faites à des malades disséminés dans la banlieue, avait plus besoin de repos et de sommeil que de promenade.

Sans doute, profitant des ténèbres, tous ces SAUVAGES, au nombre de **500** environ, vont célébrer quelque FÊTE DU VIOL. Suivons-les pour donner protection et assistance à quelque *Antonietta* dont ils vont faire la curée. Du côté de l'est, à une distance de quelques kilomètres, l'horizon est tout rouge! voilà, sans doute, le reflet de l'illumination qui est le commencement de la fête. Hâtons-nous, ou nous arriverons trop tard. Grand Dieu! cette clarté est produite par un vaste incendie qui dévorera, si on ne l'arrête, le château de Saint-Julien appartenant à M. Frédéric Mouttet de Brignoles.

Voyez nos 500 SAUVAGES se démenant au milieu des flammes et des tourbillons de fumée, comme des diables qui s'agiteraient, en divers sens, dans des gerbes de feu sorties d'un soupirail de l'enfer!

Mais après deux heures d'efforts inouis, les flammes s'affaissent, la fumée se dissipe, tout est sauvé! NOS SAUVAGES respirent, et puis se retirent contents et glorieux de l'ABOMINABLE ACTION qu'ils viennent de commettre!

Trouvez-moi, je vous en conjure, un acte de plus BRUTALE SAUVAGERIE!!!

J'ai fini *pour le moment*. L'honneur et la justice, M. le Rédacteur, ne me permettaient pas de me taire, lorsqu'on flétrissait, avec tant d'impudence, le pays où je suis né.

Je vous salue.

MILLOU, Avocat.

Les soussignés déclarent adhérer complétement à tout ce qui est contenu dans la réponse faite, le 7 du courant, par M. l'avocat Millou, au journal le *Toulonnais* du 12 Mai dernier.

Ils veulent que leur adhésion soit imprimée à la suite de la réponse dont il s'agit.

Tourves, le 14 Juin 1866.

RAYMONDI, curé. — REVEST, vicaire. — BLANC, prêtre, professeur. — MOUTTET, vicaire. — J. BOUIS, conseiller municipal. — SIVAN, id. — H. CASTELLAN, id. — L. BLANC, id.— GÉRARD, id. — MARTRE, notaire. — ALLAMAN, ancien notaire. — P. MILLOU. — VILLARD, médecin. — E. TOCHOU. — J. LAURENCY. — C. MILLOU. — V. DAVIN. — J. SIVAN. — F. BARBAROUX. — L. LAURENCY. — RÉQUIER. — A. LAROSE. — C. VARRIN, fils. — MARTIN, vétérinaire. — M. HUGUES. — E. TOCHOU. — MOUTTET, vétérinaire. — V. OLLIVARY.— GARCIN.— A. COUGIT.— B. SIVAN. — GARREL.— MOUTTET, fils.— C. VARRIN, père.— P. LAFLACHE.— GANCHIER.— JULIAN, père.— P. SAYOU. — L. BLAIN. — J. REQUIER, fabricant tanneur. — B. MALOYE. — J. GUISOL. — L. DURAND. — SAVELLI, instituteur. — F. TOCHOU. — REQUIER aîné, fabricant tanneur. — GERMAIN, instituteur. — J. DAVIN. — J. SIVAN. — L. VARRIN. — L. MARTEAUX, pharmacien. — J.-B. TOCHOU. — P. TOCHOU. — B. MOUTTET. — A. TOCHOU. — REVEST. — F. CAILLA. — ROUVIER. — C. THIEN. — B. BREMOND. — F. SAPPE. — S. PELISSIER. — L. SIVAN, maître d'hôtel. — C. SIVAN. — C. CASTINEL. — T. TOCHOU. — H. CASTELLAN. — D. BLAIN, fils. — ROUGON. — B. TOCHOU. — F. BARBIER. — F. SAPPE, fils. — P. MOUTTET. — L. DAVIN. — F. BARRY. — A. BARBAROUX. — JAUME. — L. DAVIN, fabricant tanneur. — RIPERT. — NICOLAS, nég[t]. — LIAUTARD. — LIAUTARD, fils. — N. JAUME. — L. SAYOU. A GANCHIER. — C. SIVAN. — M. PELISSIER. — C. BREMOND. — J. SAYOU, fils. — J. CARLES. — L. CASTELLAN. — B. DAVIN. — J. BLANC. — E. GIRAUD. — H. PELISSIER, fils. — L. ANEZIN. — E. DAVIN. — J. MARIN. — R. SIVAN.—

M. SIVAN.— BOUIS.— L. BREMOND. — L. BREMOND, fils.— F. DOL.— J. GRANET.— CARDON.— J. TOCHOU.— L. PLAUCHIER. — V. GUISOL. — S. DAVIN. — BONNAUD. — L. TOCHOU. — C. TOCHOU. — F. CONTARD. — X. LIAUTARD. — J. BOSC. — V. SIVAN. — C. PELISSIER. — M. BLAIN. — J. OLLIVARY. — B. MOUTTE. — V. OLIVIER. — L. PLAUCHIER. — C. AMIC. etc. , etc.

Vu pour LÉGALISATION des signatures apposées ci-dessus et pour APPROBATION de la réponse à laquelle les signataires ont adhéré.

Le Maire de Tourves ,

E. DANIEL.

Brignoles, Imprimerie de A. Vian.

www.ingramcontent.com/pod-product-compliance
Lightning Source LLC
LaVergne TN
LVHW050514160826
845677LV00003B/1127

* 9 7 8 2 3 2 9 6 3 5 1 4 9 *